낭독하는 명작동화

Level 1

The Shoemaker and the Elves

구두장이와 요정들

새벽달(남수진) • 이현석 지음

Key Vocabulary

명작동화를 읽기 전에 스토리의 **핵심 단어**를 확인해 보세요. 내가 알고 있는 단어라면 체크 표시하고, 모르는 단어는 이야기를 읽은 후에 체크 표시해 보세요.

Story

Level 1의 영어 텍스트 수준은 책의 난이도를 측정하는 레벨 지수인 **AR(Accelerated Reader) 지수 0.9~1.5 사이**로 **미국 초등 학생 1학년 수준**으로 맞추고, 분량을 **500단어 내외**로 구성했습니다.

쉬운 단어와 간결한 문장으로 구성된 스토리를 그림과 함께 읽어 보세요. 페이지마다 내용 이해를 돕는 그림이 있어 상상력을 풍부하게 해 주며, 이야기를 더욱 재미있게 읽을 수 있습니다.

Reading Training

이현석 선생님의 **강세와 청킹 가이드**에 맞춰 명작동화를 낭독해 보세요.

한국어 번역으로 내용을 확인하고 **우리말 낭독**을 하는 것도 좋습니다.

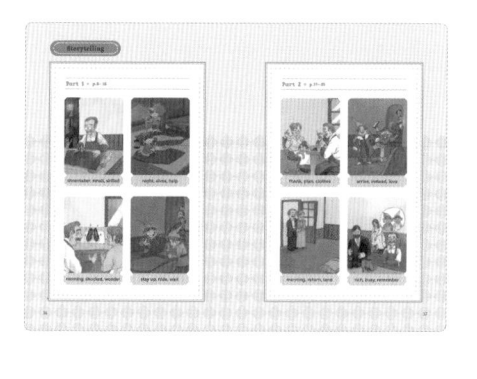

Storytelling

명작동화의 내용을 떠올릴 수 있는 **8개의 그림**이 준비되어 있습니다. 각 그림당 제시된 **3개의 단어**를 활용하여 이야기를 만들고 말해 보세요. 상상력과 창의력을 기르는 데 큰 도움이 될 것입니다.

Summary

명작동화의 **줄거리 요약문**이 제시되어 있습니다. 빈칸에 들어갈 단어를 채워 보며 이야기의 내용을 다시 정리해 보세요.

Discussion

명작동화의 내용을 실생활에 응용하거나 비판적으로 생각해 볼 수 있는 **토론 질문**으로 구성했습니다. 영어 또는 우리말로 토론하며 책의 내용을 재구성해 보세요.

픽처 텔링 카드

특별부록으로 **16장의 이야기 그림 카드**가 맨 뒷장에 있어 한 장씩 뜯어서 활용이 가능합니다. 순서에 맞게 그림을 배열하고 이야기 말하기를 해 보세요.

QR코드 영상을 통해 새벽달님과 이현석 선생님이 이 책을 활용하는 가장 좋은 방법을 직접 설명해 드립니다!

Contents

◆ Key Vocabulary   7

◆ Story   8

◆ Reading Training   26

◆ Storytelling   36

◆ Summary   38

◆ Discussion   39

Level 1

The Shoemaker and the Elves

✦⊩• 구두장이와 요정들 •⊩✦

☐	**shoemaker**	구두장이, 구두 제조공
☐	**skilled**	솜씨 좋은, 숙련된
☐	**leather**	가죽
☐	**elf**	(pl. elves) 요정
☐	**shocked**	깜짝 놀란, 충격을 받은
☐	**wonder**	궁금하다
☐	**fall(-fell)**	(어둠 등이) 찾아오다
☐	**amazed**	놀란
☐	**find out**	알아내다
☐	**stay up**	안 자다, 깨어 있다
☐	**hide(-hid)**	숨다
☐	**ready**	준비가 된, 완성된
☐	**tiny**	아주 작은
☐	**midnight**	자정, 밤 열두 시
☐	**thankful**	고맙게 생각하는

There once was a shoemaker.
He did not have much money.
He lived in a small house.
There was not much food.
But he was very skilled.

One day, he sat at his desk.
He had a bit of leather.
He cut out the leather.
It was night. So he went to bed.

9

At night, two elves came in.
They saw the leather pieces.
They wanted to help the shoemaker.
They started to make shoes.
They worked fast and well.

Morning came.
Something magical happened.
There was a pair of shoes.
They were beautiful.

The shoemaker was shocked.
'Who made these shoes?' he wondered.
He did not know.
But they were perfect shoes.

In the morning, a woman came.
She saw the shoes.

"How much are these?" she said.
"Two coins," the shoemaker answered.
The woman liked the shoes a lot.
So she paid four coins.

The shoemaker was happy.
He bought more leather.
He wanted to make two pairs this time.
He cut the leather again.

Night fell.

The elves came back.

They saw more leather.

They made two pairs of shoes.

The shoes were very nice.

Morning came.
There were two pairs of shoes.
They looked perfect.
The shoemaker was amazed.
'Who is helping me?' he wondered.

He sold those shoes again.
He got more coins.
He bought more leather.
Now, he could make four pairs.

Night came.
The elves returned.
They made four pairs of shoes.
They were colorful and shiny.

Morning came.

There were four pairs of shoes.

'Who are these helpers?' the shoemaker wondered.

He wanted to know.

He told his wife.
"We should find out," he said.
They decided to stay up all night.
They hid in their shop.
They waited and waited.

At night, two elves came.
They started making the shoes.
They were fast.

18

Morning came.
The shoes were ready.
They were sold quickly.
The shoemaker and his wife
were happy.
They wanted to thank the elves.

19

They made a plan.
The elves wore old clothes.
"Let's make new elf clothes for them!"
the shoemaker said.
"What a great idea!" his wife said.
They decided to help the elves.

They made tiny shirts and pants.
They made small shoes, too.
They even made small hats.

Night came.
The couple hid again.
They watched and waited.

At midnight, the elves arrived.
There was no leather.

21

Instead, there were new clothes.

"Are these for us?" one elf asked.

"I think so! Look, this shirt fits me well!" the other elf said.

The elves were so happy.

They put everything on.

The elves danced and laughed.

They loved their new clothes.

Morning came.
The elves did not return.
They never came back.
They wore the new clothes.
And they went back to their land.

The shoemaker made shoes every day.

People still liked his shoes.

He became richer and richer.

The shoemaker and his wife smiled.

The elves made them happy.

The shoemaker kept working.
His shop was always busy.
But he always remembered the elves.

He and his wife lived well.
They were always thankful.

◆ The Shoemaker and the Elves

There **once** was a **shoe**maker.

He did **not** / have much **mo**ney.

He **li**ved / in a **small hou**se.

There was **not** / much **food**.

But he was **ve**ry **skill**ed.

One day, / he **sat** at his **desk**.

He **had** / a **bit** of **lea**ther.

He cut **out** the **lea**ther.

It was **night**. / So he **went** to **bed**.

At **night**, / **two el**ves / came **in**.

They **saw** / the **lea**ther **pie**ces.

They **want**ed / to **help** the **shoe**maker.

They **start**ed / to **ma**ke **shoes**.

They **work**ed **fast** / and **well**.

Morning **ca**me.

Something **ma**gical / **hap**pened.

There was a **pair** of **shoes**.

They were **beau**tiful.

◆ 구두장이와 요정들

옛날에 한 구두장이가 있었습니다.
구두장이에게는 돈이 많이 없었어요.
그는 작은 집에 살았어요.
음식도 많이 있지 않았습니다.
하지만 구두장이는 아주 솜씨가 좋았어요.

어느 날, 구두장이는 자신의 탁자 앞에 앉았습니다.
구두장이에게는 가죽이 조금 있었습니다.
그는 그 가죽을 잘랐습니다.
늦은 밤이었어요. 그래서 구두장이는 자러 갔습니다.

한밤중에, 두 명의 요정들이 집으로 들어왔어요.
요정들은 가죽 조각들을 보았습니다.
그들은 구두장이를 돕고 싶었어요.
요정들은 구두를 만들기 시작했습니다.
그들은 빠르고 솜씨 있게 일했어요.

아침이 밝았습니다.
마법 같은 일이 일어났어요.
구두 한 켤레가 놓여 있었습니다.
구두는 아름다웠습니다.

The **shoe**maker / was **shock**ed.
'**Who** made / these shoes?' / he wondered.
He did **not** / **know**.
But they were **per**fect **shoes**.

In the **mor**ning, / a **wo**man **ca**me.
She **saw** the **shoes**.

"How **much** are **these**?" / she said.
"**Two** coins," / the **shoe**maker **an**swered.
The **wo**man / **li**ked the **shoes** a **lot**.
So she **paid** / **four** coins.

The **shoe**maker was **hap**py.
He **bought** more **lea**ther.
He **want**ed to **ma**ke / **two** pairs this **time**.
He **cut** the **lea**ther a**gain**.

Night fell.
The **el**ves / came **back**.
They **saw** more **lea**ther.
They made **two** / **pairs** of **shoes**.
The **shoes** were **ve**ry **ni**ce.

구두장이는 굉장히 놀랐습니다.
'대체 누가 이 구두를 만들었지?' 그는 궁금했습니다.
구두장이는 알지 못했습니다.
하지만 그 구두는 완벽했습니다.

아침에, 한 여자 손님이 왔습니다.
여자는 그 구두를 보았습니다.

"이 구두는 얼마인가요?" 그녀가 물었습니다.
"동전 두 닢입니다." 구두장이가 대답했어요.
여자는 그 구두가 아주 마음에 들었습니다.
그래서 그녀는 동전 네 닢을 지불했습니다.

구두장이는 행복했습니다.
그는 가죽을 더 샀습니다.
그는 이번에는 구두 두 켤레를 만들고 싶었어요.
구두장이는 다시 가죽을 잘랐습니다.

밤이 찾아왔습니다.
요정들이 돌아왔어요.
요정들은 더 많은 가죽을 보았습니다.
그들은 두 켤레의 구두를 만들었어요.
그 구두들은 아주 멋졌습니다.

Morning **ca**me.

There were **two / pairs** of **shoes**.

They **look**ed **per**fect.

The **shoe**maker / was a**ma**zed.

'Who is **help**ing me?' / he **won**dered.

He **sold** those **shoes** a**gain**.

He **got** more **coins**.

He **bought** more **lea**ther.

Now, / he could **ma**ke **four** pairs.

Night came.

The **el**ves re**turn**ed.

They made **four / pairs** of **shoes**.

They were **co**lorful / and **shi**ny.

Morning **ca**me.

There were **four / pairs** of **shoes**.

'**Who** are these **help**ers?' / the **shoe**maker **won**dered.

He **want**ed to **know**.

He **told** his **wi**fe.

"We should find **out**," / he said.

They de**ci**ded to stay **up / all night**.

They **hid /** in their **shop**.

They **wait**ed / and **wait**ed.

아침이 되었습니다.
구두 두 켤레가 놓여 있었습니다.
그 구두들은 완벽해 보였습니다.
구두장이는 깜짝 놀랐습니다.
'누가 나를 돕고 있는 것일까?' 그는 궁금했어요.

구두장이는 또 그 구두들을 팔았습니다.
그는 더 많은 돈을 벌었습니다.
그는 더 많은 가죽을 샀습니다.
이제, 구두장이는 구두 네 켤레를 만들 수 있었어요.

밤이 왔습니다.
요정들이 돌아왔습니다.
요정들은 네 켤레의 구두를 만들었어요.
그 구두들은 알록달록하고 빛이 났습니다.

아침이 되었습니다.
구두 네 켤레가 놓여 있었습니다.
'이렇게 도움을 주는 이들이 누굴까?' 구두장이는 궁금했어요.
그는 알고 싶었습니다.

구두장이는 자신의 아내에게 이야기했습니다.
"우리가 알아내야겠소." 구두장이가 말했습니다.
그들은 밤을 새우기로 마음먹었습니다.
그들은 자신들의 가게에 숨었습니다.
그들은 기다리고 또 기다렸어요.

At **night**, **/** **two el**ves **ca**me.

They **start**ed **ma**king **/** the **shoes**.

They were **fast**.

Morning **ca**me.

The **shoes** were **rea**dy.

They were **sold quick**ly.

The **shoe**maker and his **wi**fe **/** were **hap**py.

They **want**ed to **thank** **/** the **el**ves.

They **ma**de a **plan**.

The **el**ves **/** **wo**re **old clo**thes.

"**Let's ma**ke **/** **new elf** clothes for them!" **/** the **shoe**maker said.

"**What** a **great** idea!" **/** his **wi**fe said.

They de**ci**ded to **help** **/** the **el**ves.

They **ma**de **ti**ny **shirts** **/** and **pants**.

They **ma**de **small shoes**, too.

They **e**ven **ma**de **/** **small hats**.

Night came.

The **cou**ple **/** **hid** a**gain**.

They **watch**ed **/** and **wait**ed.

At **mid**night, **/** the **el**ves ar**ri**ved.

There was **no** **/** **lea**ther.

32

밤에, 두 명의 요정들이 왔습니다.
요정들은 구두를 만들기 시작했습니다.
그들은 손이 빨랐어요.

아침이 되었습니다.
구두들이 준비되어 있었습니다.
그 구두들은 빠르게 팔렸습니다.
구두장이와 그의 아내는 행복했습니다.
그들은 요정들에게 고마움을 전하고 싶었어요.

그들은 계획을 세웠습니다.
요정들은 낡은 옷을 입었어요.
"요정들을 위한 새 옷을 만듭시다!" 구두장이가 말했습니다.
"아주 좋은 생각이에요!" 그의 아내가 말했습니다.
그들은 요정들을 돕기로 마음먹었어요.

그들은 조그마한 셔츠들과 바지들을 만들었습니다.
그들은 작은 신발들도 만들었어요.
그들은 작은 모자들까지 만들었습니다.

밤이 왔습니다.
부부는 다시 숨었어요.
그들은 지켜보면서 기다렸습니다.

자정에, 요정들이 도착했습니다.
가죽은 없었어요.

Instead, / there were new clothes.

"Are these for us?" / one elf asked.

"I think so! / Look, / this shirt fits me well!" / the other elf said.

The elves / were so happy.

They put everything on.

The elves danced / and laughed.

They loved / their new clothes.

Morning came.

The elves / did not return.

They never / came back.

They wore the new clothes.

And they went back / to their land.

The shoemaker / made shoes every day.

People still liked / his shoes.

He became richer and richer.

The shoemaker / and his wife smiled.

The elves / made them happy.

The shoemaker / kept working.

His shop / was always busy.

But he always remembered / the elves.

He and his wife / lived well.

They were always / thankful.

대신에, 새 옷들이 있었습니다.
"이 옷들이 우리를 위한 것일까?" 한 요정이 물었습니다.
"내 생각에는 그래! 봐, 이 셔츠가 나에게 꼭 맞아!" 다른 요정이 말했어요.
요정들은 아주 행복했습니다.
그들은 옷들을 모두 입어 보았습니다.

요정들은 춤을 추고 웃었습니다.
그들은 새 옷들이 아주 마음에 들었습니다.

아침이 왔습니다.
요정들은 돌아오지 않았어요.
그들은 다시는 돌아오지 않았습니다.
요정들은 새 옷들을 입었어요.
그리고 그들은 자신들의 나라로 돌아갔습니다.

구두장이는 매일 구두를 만들었습니다.
사람들은 여전히 그가 만든 구두를 좋아했습니다.
구두장이는 점점 더 부자가 되었습니다.
구두장이와 그의 아내는 미소를 지었습니다.
요정들이 그들을 행복하게 만들어 주었어요.

구두장이는 계속해서 일했습니다.
그의 가게는 언제나 분주했습니다.
하지만 구두장이는 항상 요정들을 기억했어요.

구두장이와 그의 아내는 풍요롭게 살았습니다.
그들은 항상 고마움을 간직했습니다.

Storytelling

Part 1 ◆ p.8~18

shoemaker, small, skilled

night, elves, help

morning, shocked, wonder

stay up, hide, wait

thank, plan, clothes

arrive, instead, love

morning, return, land

rich, busy, remember

Summary

thank   stayed   kindness   making   magical

A poor shoemaker found _____ shoes in his house.

People liked them because they were beautiful. The shoemaker and his

wife _____ up at night to see who was helping them.

They saw two elves _____ the shoes. They decided to

_____ them with new clothes. The elves were very happy

with the gifts. The elves did not come back, but the shoemaker always

remembered the elves' _____ .

Memo

Discussion

1 ◆ **In the story, the elves secretly helped the shoemaker and his wife. Have you ever secretly helped a friend like that?**

이야기에서, 요정들은 몰래 구두장이와 그의 아내를 도왔습니다. 여러분은 이렇게 친구가 모르는 사이에 도움을 준 적이 있나요?

2 ◆ **The shoemaker and his wife made clothes for the elves to show their gratitude. Can you think of a time when someone helped you? How did you show your appreciation?**

구두장이와 그의 아내는 요정들에게 감사의 표시로 옷을 만들어 주었어요. 누군가가 여러분을 도운 적이 있나요? 그때 여러분은 감사함을 어떻게 표현했나요?

낭독하는 명작동화 Level 1
The Shoemaker and the Elves

초판 1쇄 발행 2024년 8월 1일

지은이 새벽달(남수진) 이현석 롱테일 교육 연구소
책임편집 강지희 | **편집** 명채린 홍하늘
디자인 박새롬 | **그림** 오승만
마케팅 두잉글 사업본부

펴낸이 이수영
펴낸곳 롱테일북스
출판등록 제2015-000191호
주소 04033 서울특별시 마포구 양화로 113, 3층(서교동, 순흥빌딩)
전자메일 team@ltinc.net
롱테일북스는 롱테일㈜의 출판 브랜드입니다.

ISBN 979-11-93992-08-1 14740

The Shoemaker
and the Elves

6

새벽달 X 이현석 낭독스쿨

The Shoemaker
and the Elves

5

새벽달 X 이현석 낭독스쿨

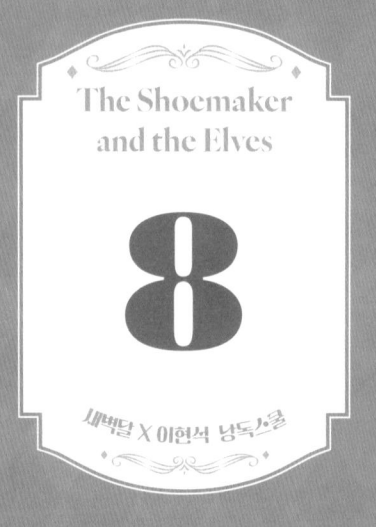

The Shoemaker
and the Elves

8

새벽달 X 이현석 낭독스쿨

The Shoemaker
and the Elves

7

새벽달 X 이현석 낭독스쿨

The Shoemaker
and the Elves

10

새벽달 X 이현석 낭독스쿨

The Shoemaker
and the Elves

9

새벽달 X 이현석 낭독스쿨

The Shoemaker
and the Elves

12

새벽달 X 이현석 낭독스쿨

The Shoemaker
and the Elves

11

새벽달 X 이현석 낭독스쿨

The Shoemaker
and the Elves

14

새벽달 X 이현석 낭독스쿨

The Shoemaker
and the Elves

13

새벽달 X 이현석 낭독스쿨

The Shoemaker
and the Elves

16

새벽달 X 이현석 낭독스쿨

The Shoemaker
and the Elves

15

새벽달 X 이현석 낭독스쿨